PAUL-ADRIEN BOURDALOUE

SES ASCENDANTS

ET SES COLLATÉRAUX

PAR

LE Vte CHARLES DE LAUGARDIÈRE

Ancien Conseiller à la Cour de Bourges

Président de la Société des Antiquaires du Centre

BOURGES

LÉON RENAUD, ÉDITEUR

12, Rue Moyenne

—

1903

PAUL-ADRIEN BOURDALOUE

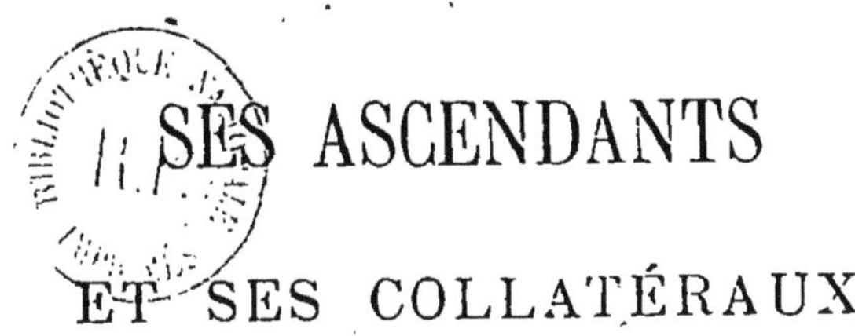

SES ASCENDANTS

ET SES COLLATÉRAUX

PAR

LE Vte CHARLES DE LAUGARDIÈRE

Ancien Conseiller à la Cour de Bourges

Président de la Société des Antiquaires du Centre

BOURGES

LÉON RENAUD, ÉDITEUR

12, Rue Moyenne

—

1903

Paul-Adrien BOURDALOUE

SES ASCENDANTS ET SES COLLATÉRAUX

———

Le 21 juin 1868, mourait à Bourges, sa ville natale, Paul-Adrien Bourdaloue, « officier de la Légion d'honneur, commandeur de l'Ordre des SS. Maurice et Lazare d'Italie, chevalier de l'Ordre du Lion Néerlandais, ancien adjoint au Maire de Bourges et membre du Conseil municipal, âgé de soixante-dix ans » (1). La presse locale lui consacra des articles nécrologiques, à bon droit pleins de louanges sous maints rapports, mais où s'étalait une grosse hérésie généalogique. Avec une stupéfiante inconvenance d'expression, M. Gustave Grandin, rédacteur du *Journal du Cher*, écrivait : « M. Bourdaloue était un *descendant* du grand Bourdaloue, l'orateur chrétien » ; et M. l'abbé P. Morel, directeur de *la Semaine religieuse du Berry*, avec plus d'emphase et pas plus de justesse : « L'héritier de l'un des plus beaux noms dont on puisse s'honorer, M. Adrien-Paul Bourdalouë, *arrière-neveu* du grand Bourdalouë... »

Le défunt, par sa manière d'agir, par les anecdotes qu'il se plaisait à raconter dans l'intimité, n'avait pas peu contribué à créer la fallacieuse légende de sa parenté, assez proche, avec le maître de la chaire au XVIIe siècle ; on vient de voir quels singuliers développements elle avait pris. Un événement de famille, le mariage religieux d'une de ses nièces, qui avait été célébré, le 23 août 1860, hors de la propre paroisse des conjoints, en vertu d'une *délégation*, et à la suite d'une autorisation évidemment

(1) Extrait textuel de l'acte de décès.

sollicitée dans un but de réclame, nous fournit un exemple de ses procédés. (1) Il profita de cette occasion qui n'avait rien de fortuit, et dans l'église de Paris où fut enterré le P. Bourdaloue, il fit mettre, au lieu où repose depuis 1704 le corps de son « homonyme », une plaque commémorative à l'inscription énigmatique (2). Par testa-

(1) Je crois devoir reproduire ici *in-extenso* ce document, dont je dois la libérale communication à M. Henri Chérot, et qui ne laisse aucun doute sur la nature des manœuvres employées. On remarquera parmi les témoins Paul-Adrien Bourdaloue.

DIOCÈSE DE PARIS

PAROISSE SAINT-PAUL-SAINT-LOUIS

Registre des actes de mariage

Année 1860

Page 166. N° 166.

MARIAGE entre DISSARD et BOURDALOUE

L'an mil huit cent soixante, le vingt-trois août, après la publication de trois bans faite en l'église de St Eustache et des Missions Étrangères,

Vu l'autorisation donnée aux époux par M. le Curé de S. Eustache de se marier en cette Eglise.

Vu le certificat de l'officier de l'état civil du 1er arrondissement, en date du 23 août,

Je soussigné, curé de Notre-Dame des Victoires, délégué par Mr le Curé de S. Eustache ai reçu, en cette Eglise

le mutuel consentement que se sont donné pour le Mariage Emile *Dissard*, percepteur des contributions directes, demeurant rue du Cherche-Midi 72, paroisse des Missions Etrangeres fils majeur de de (*sic*) feu Etienne et Julienne Monssaingeon, sa veuve.

Et Camille Berthe BOURDALOUE rue du Bouloy 22, paroisse de Saint-Eustache, fille mineure de François Bourdaloue et de Léopoldine Renaultdin (*sic*) son épouse, d'autre part

Et leur ai donné la Benediction nuptiale en présence des témoins :

Emile Monssaingeon, rue Doron à la Chapelle

Pierre Musard, place Dauphine 27,

Paul Adrien Bourdaloue à Bourges

Emile Regnauldin (*sic*) rue Laval 25

En foi de quoi j'ai signé le présent acte, avec les époux, la mère de l'époux, les pere et mere de l'épouse et les témoins.

Fait à Paris les jour et an que dessus.

(*Signé*)   Dissard   Bourdaloue   M. A. J. Monsaingeon
                 F. J. Bourdaloue

                                L. Regnauldin
                                f. Bourdaloue

     Muzard   Bourdalouē   E. Monsaingeon
     Regnauldin   H. Chanal
                          curé de Notre-Dame des Victoires

G. Bourdalouē

(2) Bourdaloue, sa Vie et ses Œuvres, par le P. M. Lauras. T. I, *Paris, Palmé*, 1881, in-8° ; p. 82, n. 3. — L'auteur se trompe en disant que cela s'était fait en mémoire du mariage de la sœur de Paul-Adrien ; la seule de ses sœurs qui se soit mariée l'était depuis 1824.

ment, il avait légué à la ville de Bourges ses décorations (que son acte de décès n'énumère pas toutes), ses médailles, le diamant, don de l'Empereur de Russie, avec le produit desquels devaient être et ont été élevés les bustes en bronze du R. P. Bourdaloue et du physicien Sigaud de Lafond, œuvres du sculpteur Jules Dumoutet, qui ornent aujourd'hui le jardin public de l'Archevêché. C'est ainsi qu'il continuait, même après sa mort, sa mainmise sur la gloire du prédicateur.

Ses débuts avaient été modestes. Lorsqu'il épousa, le 6 mai 1822, à Bourges, Marguerite-Adélaïde-Elisabeth Martin, fille de l'entrepreneur des chauffages et convois militaires (1), il était simple aspirant conducteur aux ponts et chaussées. Mais il abandonna cette administration pour l'industrie privée, plus rémunératrice. Il fut ingénieur-résident des chemins de fer du Gard, puis directeur de la brigade française chargée, en 1847, des études de nivellement de l'isthme de Suez, en vue de l'établissement du canal de jonction des deux mers :

> Avant que la science abordât ce mystère,
> L'art avait déjà dit de sa voix la plus claire :
> Les mers sont de niveau (2).

Rentré dans sa patrie, il s'adonna obstinément à des études analogues et prit ou reçut le titre de Directeur des travaux du nivellement général de la France (3). Avec les honneurs lui vint la fortune, dont il sut faire un généreux

(1) M⁼ᵉ Bourdaloue, qui devait survivre à son mari, ne lui avait pas donné de postérité. Elle abrégeait d'ordinaire le dernier de ses trois prénoms ; c'est la « Madame Elisa » de la lettre écrite le 6 août 1857 par Benjamin Ysabeau. (HENRI CHÉROT. Iconographie de Bourdaloue, 3ᵉ série. *Paris, Retaux*, 1903, in-4° ; p. 47.)

(2) Célestin Roche, *L'Isthme de Suez* (poésie posthume), dans le *Bulletin de la Société d'Études des Hautes-Alpes*, 18ᵉ année, 1899, in-8° : p. 339. — Sous ce dernier vers se lit la note suivante : Nivellement de M. Bourdalone (*sic*) et opérations de M. Talabot.

(3) P.-A. Bourdaloue a publié : Nivellement général du département du Cher. *Bourges, imprimerie Jollet-Souchois*, 1851-1855 ; 4 vol. in-8° Nivellement général de la Loire, entre Saint-Nazaire et Briare, exécuté en 1855. *Bourges, ibid.*, in-8° ; Nivellement général de la France. Notes diverses. *Bourges, imprimerie E. Pigelet*, 1864 ; in-8°.

usage. Ce fut « un homme de bien », comme le dit le Préfet du Cher, M. Paulze-d'Ivoy, dans le discours prononcé à ses obsèques. Par malheur ce fut aussi un abusé, tout au moins, car je ne mets pas en doute sa bonne foi, sur la valeur de ses origines.

La tâche de rechercher jusqu'à quel point l'ingénieur était en droit de faire se refléter sur son propre nom l'illustration du prédicateur, si elle était difficile, ne restait pas cependant impossible à mener à bon terme.

Mon excellent ami, M. Tausserat, dans un livre qui a conquis de précieux suffrages, avait déjà résolu en partie le problème ; mais les renseignements à lui transmis étaient incomplets, voire défectueux, toutes les sources d'information n'avaient pas été épuisées. Infatigable travailleur, il a soigneusement et avec succès exploré les anciennes minutes des notaires de Mehun, du moins celles qui ont échappé à de déplorables dilapidations remontant à plus d'un demi-siècle. De mon côté, j'ai été heureux de lui prêter mon concours pour le dépouillement des anciens registres de catholicité de la même ville, déposés au greffe du Tribunal Civil de Bourges (ceux qui devraient être conservés à Mehun même ayant été détruits, parait-il, dans les stupides brûlements révolutionnaires); j'ai feuilleté au même dépôt les registres de Notre-Dame de Vierzon (1); j'ai revu ceux de certaines anciennes paroisses de Bourges, compulsé l'État Civil depuis sa création, provoqué des communications utiles, et j'ai pu lui proposer, en vue d'une seconde édition très augmentée de son *Étude généalogique sur les Bourdaloue*, des additions et des rectifications qu'il a bien voulu m'encourager à mettre dès maintenant moi-même entre les mains du Directeur de cette *Revue*. Ceux qui prendront la peine et auront la patience de lire mon aride mémoire, voudront bien m'excuser d'avoir adopté, pour le présenter, un ordre diamétra-

____

(1) J'acquitte une dette de vraie reconnaissance en signalant l'obligeance extrême qu'a mise M. le greffier Robinet à me faciliter ce travail.

lement opposé à celui que suivent à l'habitude les généa-
logistes professionnels.

. .

De son mariage contracté à Bourges, le 7 frimaire an II
(27 novembre 1793), avec Marie-Catherine-Adélaïde Boutin,
fille de Jean Boutin, alors secrétaire-greffier au Tribunal
Criminel, et plus tard receveur de l'enregistrement, Jean-
Joseph Bourdaloue avait eu six enfants, tous nés dans
cette même ville : Catherine-Emilie, décédée sans alliance
à Bourges, son lieu de naissance selon l'acte de décès, le
14 juin 1858, à l'âge de soixante-deux ans (elle avait dû
naître en 1795, mais l'acte n'en a pas été retrouvé); —
Marie-Éléonore, née le 13 brumaire an V (3 novembre 1796),
mariée à Bourges, le 11 octobre 1824, avec Ferdinand
Arnaud, négociant, né et demeurant à Nantes ; — *Paul-
Adrien*, né le 15 nivôse an VI (4 janvier 1798); — Françoise-
Adrienne, née le 7 ventôse an VII (25 février 1799), décédée
sans alliance à Bourges, le 26 avril 1876 ; — Paul-Joseph,
né le 13 prairial an VIII (2 juin 1800), qui fut horloger à
Bourges, y épousa, le 3 juin 1826, Marie-Anne Cissoigne, et
y mourut le 22 février 1864 (1) ; — enfin, François-Jules,
né le 14 novembre 1814, qui était receveur de l'enregistrement et des domaines à Seignelay (Yonne), quand il
épousa à Courson (même département), le 12 janvier 1842,
Victorine-Antoinette-Léopoldine Regnauldin, dont il eut
trois filles, indiquées par M. Tausserat (2). C'est l'aînée,

(1) Trois enfants naquirent à Bourges de cette union : Thérèse,
née le 17 avril 1827, décédée dans sa ville natale, le 11 février 1833,
et inscrite au registre de décès sous le prénom de Clémence; —
Marie-Clémentine, née le 9 septembre 1828, décédée aussi à Bourges,
le 6 mars 1829; — Eugène-Armand, né le 26 avril 1830, décédé à la
Jacquetterie, commune de Chitray (Indre), le 20 octobre 1899, ne lais-
sant qu'une fille, épouse de M. F. Creusot, commis des postes à Châ-
teauroux, associé correspondant national de la Société des Antiquaires
de France.

(2) Celle qui est prénommée Jeanne seulement, née le 23 août 1853
à Saint-Amand-Montrond (Cher), s'appelait en réalité Jeanne-
Ambroisine.

Camille-Berthe Bourdaloue que l'on a vu s'être mariée, le 23 août 1860, à Paris, dans l'église Saint-Paul-Saint-Louis qui n'était pas sa paroisse.

L'acte du 7 frimaire an II, ne fait point connaître la profession de l'époux; de 1796 à 1800, il est professeur d'histoire naturelle à l'École Centrale du département du Cher (1), en 1814, il est professeur au Lycée de Bourges, plus tard au Collège royal. Entre temps, il avait *formé* chez lui, en l'an XII (1803-04), *un Etablissement particulier d'Instruction*, comme il le dit dans un prospectus qui fait partie de ma collection de documents berruyers ; je demande la permission de le reproduire plus loin en appendice, comme curiosité non dénuée d'intérêt, même actuel. Quand il mourut, âgé de cinquante-huit ans, le 31 juillet 1825, l'officier de l'état-civil le qualifia dans l'acte de décès : membre de l'Académie de Bourges. Sa veuve lui survécut jusqu'au 18 mars 1858.

Le professeur Bourdaloue était le troisième des onze enfants de Nicolas Bourdaloue, marchand tanneur et corroyeur à Bourges. Marié une première fois à Vierzon, le 31 août 1762, avec Marie-Catherine Rossignol, qui décéda sans lui laisser de descendants, celui-ci reprit une seconde alliance, le 25 février 1764, en la paroisse de Saint-Cyr d'Issoudun (Indre), avec Marie Paulier, fille de sieur Joseph Paulier, marchand tanneur, dont il eut : Jeanne, née et baptisée (comme tous ses frères et sœurs) dans la paroisse de Saint-Pierre-le-Guillard de Bourges,

(1) M. Le Grand, à la suite d'une *Notice sur quelques botanistes et quelques anciens herbiers du Berry*, publiée en 1888 dans les *Mémoires de la Société historique, littéraire, artistique et scientifique du Cher*, 4ᵉ série, 4ᵉ volume, a donné une courte analyse du programme d'un exercice de botanique qui eut lieu à l'Ecole Centrale de Bourges, dans une séance tenue le 8 fructidor an VIII (26 août 1800), sous la direction du Professeur, le citoyen Jean-Joseph Bourdaloue. Le même auteur consacre quelques lignes à J.-J. Bourdaloue, dans ses *Notices biographiques et bibliographiques pour l'histoire de la botanique en Berry*, parues en 1891, au 7ᵉ volume, même série, des *Mémoires* de la dite Société.

le 7 avril 1765, décédée le 12 septembre 1767 ; — Joseph-
François, baptisé le 20 janvier 1767, décédé le 25 janvier
1769 ; — *Jean-Joseph*, baptisé le 1er mars 1768 ; — Marie,
baptisée le 14 mai 1769, décédée le 17 septembre 1773 ; —
Louis, baptisé le 22 octobre 1770 ; — Françoise, baptisée
le 15 novembre 1771, mariée à Bourges, le 15 ventôse
an VI (5 mars 1798), avec Claude-François Lajoie, officier
de santé chirurgien, décédée en état de viduité, le 17 mars
1846 (1) ; — Jeanne, baptisée le 9 mai 1773, mariée à
Bourges, le 17 frimaire an IV (8 décembre 1795), avec
Jean Lenoir, né dans cette ville, bourrelier de sa profession,
volontaire dans les chasseurs du 13e régiment, en garnison
à Valenciennes, décédée veuve aussi, le 7 novembre 1851 ;
— François et Solange, jumeaux, baptisés le 30 janvier
1775 (le garçon décédé le 25 août de la même année) ; —
Catherine, baptisée le 11 janvier 1776 ; — Pierre, enfin,
baptisé le 19 août 1780 (2).

(1) M. le Dr Mirpied, ancien Maire de la ville de Bourges, membre
associé libre de la Société des Antiquaires du Centre, est son petit-fils.

(2) Pierre Bourdaloue avait eu pour parrain son frère Jean-Joseph,
connu dans la famille sous le second de ses prénoms : on le lui donna
aussi à l'habitude, et dans tous les actes où il figure, il est prénommé
Pierre-Joseph. Ce fut lui qui, à la mort de son père, continua l'exercice
de la tannerie ; il y fut le dernier du nom. Marié à Bourges, le
22 février 1808, avec Geneviève-Julitte Duluquy, il en eut : Catherine-
Euphrasie, née le 16 décembre de la même année, décédée le 30 juillet
1809 ; — Frédéric-François, né le 20 mai 1810 ; — Geneviève-Elize, née
le 27 juin 1812, mariée le 7 janvier 1834 avec Fulgent-Michel-Frédéric
Mesneau (qui devint trois ans après commis-greffier de la Cour de
Bourges), décédée le 28 décembre 1862 ; — Claude-Auguste, né le
23 mars 1818.

Pierre, dit Pierre-Joseph, décéda à Bourges le 8 avril 1853 ; sa
veuve, le 29 novembre 1864.

Leur fils Frédéric-François Bourdaloue, alors avoué à Saint-
Amand-Montrond, épousa le 11 septembre 1837, à Germigny-l'Exempt
(Cher), Marie-Anne-Sophie Massé, d'où : un fils mort-né déclaré à
Bourges, le 27 juin 1838 ; — Marie-Gustave-Joseph, né à Saint-
Amand, le 17 avril 1840, marié, sans enfants ; — Marie-Julie-Gene-
viève-Camille, née en la même ville, le 5 février 1841, mariée à Nevers,
le 29 avril 1863, avec Michel-Jean-Simon Dubois de Belair, alors
avocat, mort Conseiller à la Cour d'Appel de Bourges. Après cession
de son étude, Frédéric-François Bourdaloue était devenu Conseiller
de Préfecture du Cher, en mai 1852 ; puis il entra dans la magistrature
en 1859, fut nommé Conseiller à la Cour d'Appel de Bourges, le
21 novembre 1871, et mourut dans le vestiaire du Palais de Justice,

Nicolas Bourdalouc est décédé veuf à Bourges, le 28 octobre 1807.

..

Il était le quatrième des enfants issus du mariage de Jean Bourdaloue, marchand parcheminier, et de Jeanne Lemoinne (c'est ainsi qu'elle signait). M. Tausserat les a tous nommés, mais je peux préciser la destinée de plusieurs d'entre eux, la date du baptême de tous, et je vais les énumérer à mon tour. Eux aussi sont nés et ont été baptisés dans la paroisse de St-Pierre-le-Guillard de Bourges ; ce sont : Solange, baptisée le 15 octobre 1730 ; — Nicolas, baptisé le 27 septembre 1731 ; — François, baptisé le 2 novembre 1732, décédé le 24 juin 1733 ; — *Nicolas*, baptisé le 20 mai 1734 ; — Solange, baptisée le 26 octobre 1735, décédée le 12 mai 1738 ; — Jeanne, baptisée le 20 octobre 1736, mariée le 5 mai 1772, avec Jean Michelet, marchand aubergiste et dans la suite huilier, décédée étant veuve, le 2 décembre 1808 ; — Benjamin, né le 5 janvier 1738, décédé le 2 décembre de la même année et inhumé en la paroisse de St-Pierre-le-Marché de Bourges ; — Marie, baptisée le 23 mars 1739, mariée le 2 juillet 1771, avec Silvain Lenoir, maître bourrelier ; — Etienne, baptisé le 21 janvier 1742.

Jean Bourdaloue était veuf, quand il mourut, le 21 novembre 1773.

..

C'était le neuvième des dix-sept enfants d'autre Jean Bourdaloue, marchand parcheminier, venu de Mehun s'établir à Bourges, et de Solange Tassin. Quelque longue que soit la liste de cette nombreuse progéniture, la voici dans son ordre chronologique le plus exact, (toutes les dates de baptême ont été relevées d'après les registres de

le 3 novembre 1875, jour de la rentrée, foudroyé par une attaque d'apoplexie, au moment où nous nous dirigions l'un vers l'autre, lui et moi, en nous tendant mutuellement la main. Sa veuve est décédée à Bourges, le 25 avril 1879.

la paroisse de St-Pierre-le-Marché) : Nicolas, baptisé le 2 avril 1695 (1) ; — Jean-Baptiste, baptisé le 12 juillet 1696 ; — Marie, baptisée le 24 juillet 1697, mariée le 13 novembre 1728, avec Etienne Alleaume, marchand de chevaux, décédée veuve le 27 décembre 1781 ; — Louis, baptisé le 4 août 1698 (2) ; — Pierre, baptisé le 22 novembre 1699, inhumé le 7 septembre 1705 ; — Marie, baptisée le 9 août 1701 ; — Marguerite, baptisée le 17 septembre 1702, décédée le 3 janvier 1707 ; — Reine, baptisée le 21 novembre 1703, décédée le 13 septembre 1705 ; — *Jean*, baptisé le 11 janvier 1705 ; — François, baptisé le 27 mai 1706 (3) ; — Pierre, baptisé le 28 novembre 1707, décédé le 23 février 1710 ; — Nicolas, baptisé le 26 décembre 1708 (4) ;

(1) Nicolas Bourdaloue l'aîné, maître parcheminier, eut de son mariage avec Jeanne Mouton, un fils, Charles, baptisé en l'église de St-Ambroix de Bourges, le 3 juin 1722, qui devint marchand bonnetier et mourut sans alliance, le 27 juin 1755 : — Marie, baptisée le 24 juin 1724, décédée dans la nuit du 1er au 2 août de la même année, — et trois autres filles, de 1727 à 1730, dont on ne connaît que les actes de baptême et qu'il est superflu de spécifier plus amplement.

(2) Louis Bourdaloue l'aîné, marchand parcheminier, avait épousé à Mehun, le 13 juillet 1716, Reine Augier, décédée après lui avoir donné trois enfants, un fils et deux filles dont l'une, Solange, née le 17 et baptisée le 18 août 1718, en l'église de St-Ambroix, épousa le 28 août 1738, Etienne Gillet, marchand parcheminier, et mourut veuve le 3 nivôse an X (24 décembre 1801). Reine Augier étant morte le 20 septembre 1719, Louis Bourdaloue épousa en secondes noces Louise Leson, dont il eut, de 1722 à 1738, douze enfants tant garçons que filles, dont l'énumération minutieuse importe peu. Qu'il suffise de citer : Marie, née le 1er et baptisée le 2 septembre 1723, mariée le 24 mai 1757 avec Jacques Faucard, frippier, décédée le 19 juin 1758 ; — Marguerite, baptisée le 19 novembre 1724, mariée le 30 octobre 1752 avec François Millet, garçon parcheminier, et probablement épouse en secondes noces de Pierre Fayet, couvreur, décédée le 12 juin 1772. Louis Bourdaloue, qui avait été élu le 28 mai 1730, procureur fabricien de la paroisse de St-Ambroix, et que l'on retrouve encore en charge au mois de juillet de l'année suivante, (en *sarge* comme il l'écrit, suivant la prononciation populaire locale toujours usitée), mourut le 12 décembre 1756 ; il était veuf de sa seconde femme depuis le 16 octobre 1755.

(3) Marchand bonnetier à Bourges, encore vivant en 1771, il avait épousé N. Raby. On ne lui connaît pas de descendance.

(4) Ce second Nicolas Bourdaloue, aussi marchand bonnetier, et non point parcheminier comme le dit par erreur son acte de mariage, qui indique bien son âge de trente et un ans, épousa le 13 septembre 1740, en l'église de Notre-Dame de Vierzon, Magdeleine Merceret. De cette union naquirent à ma connaissance six enfants, dont pour abréger je ne nommerai que trois : Simon, né vers 1744, aussi marchand bonne-

— Jean, baptisé le 19 janvier 1710, décédé le 9 août 1718 ;
— Louise, baptisée le 28 janvier 1711, décédée le 4 juin
1712 ; — Solange, baptisée le 8 janvier 1712, mariée le
28 juin 1738, avec Jean Vétois, marchand et huissier des
tailles ; — Nicolas, né le 13 et baptisé le 14 février 1713 ;
— et pour terminer, Louis, baptisé le 25 mai 1714 (1).

M. Tausserat donne la date du décès de Jean Bourdaloue : 17 août 1731. Sa veuve lui survécut jusqu'au
30 octobre 1752 ; elle mourut octogénaire.

.˙.

Ce Jean Bourdaloue était le second des trois enfants
connus de Pierre Bourdaloue, maître parcheminier à
Mehun, et d'Anne Charlemagne, époux dès 1668, et qui
sont : Jeanne, dont l'acte de baptême n'a pas été retrouvé

tier, marié en 1769 à l'église de Sᵗ Bonnet de Bourges, avec Françoise
Duret, d'où une fille, Marguerite, mariée en 1789, à la même église,
avec Gilles-Louis Bourbon, chirurgien, et deux fils ; — Louis, baptisé
à Sᵗ Pierre-le-Marché, le 4 mars 1749 ; — Marguerite, baptisée le
18 octobre 1750 et mariée le 6 février 1777, en la même église, avec
Jacques Naudet, marchand tapissier. Nicolas est décédé le 19 mai 1766.

Louis Bourdaloue, son fils, notaire à Ourouer-les-Bourdelins (Cher),
s'était marié vers 1774, et probablement à Issoudun, avec Marie-
Elizabeth Brunet. Des neuf enfants, garçons ou filles, qui naquirent
de cette union, de 1775 à 1794, je ne relèverai que Louis, baptisé le
23 juillet 1784. Celui-ci, coutelier à Bourges, y épousa, le 18 septembre
1809, Marguerite Larue, et décéda le 28 avril 1832. Il avait eu quatre
filles, dont l'aînée, Catherine, née le 18 février 1811, épouse de Jean-
Baptiste Hubert, mercier et débitant de tabac, le 28 janvier 1833, fut
la mère et la grand'mère de MM. Théodore et Eugène Hubert, élèves
de l'Ecole des Chartes et successivement archivistes de l'Indre, — et
la plus jeune, Sophie, née le 28 juillet 1819, entrée comme novice au
monastère de la Visitation de La Charité (Nièvre), au mois d'octobre
1838, professe en 1841, en religion Marguerite-Marie, mourut le
19 mars 1869 au monastère de Nevers, dont elle avait été élue Supé-
rieure pour trois années en 1863. Il eut aussi trois fils ; le premier,
François-Louis, né le 12 juin 1815, fut prêtre, exerça son ministère
dans le diocèse de Paris, et est mort à l'Infirmerie ecclésiastique de
Marie-Thérèse, le 31 juillet 1891 ; — le second, Joseph, né le 7 août
1816, ne vécut pas quinze jours ; — et le troisième, Auguste-Nicolas,
né le 24 janvier 1818, serrurier, mourut à Bourges, célibataire, le
29 septembre 1846.

(1) Celui-ci, qui signait *Bourdaloue Lejeune*, ne paraît pas avoir
été marié. On le rencontre qualifié : huissier des tailles en 1750,
marchand en 1775.

dans les registres paroissiaux de cette ville, par malen-
contre très incomplets, et qui mariée à Bourges (où elle
avait momentanément suivi son frère), le 22 novembre
1694, avec Silvain Jouffin, comme l'a dit M. Tausserat, et
devenue veuve le 10 septembre 1717, fut inhumée à Mehun
le 3 novembre 1742, « âgée d'environ soixante-et-onze ans » ;
— *Jean*, baptisé à Mehun, le 15 mars 1672 ; — Catherine,
baptisée le 6 décembre 1676.

Pierre Bourdaloue perdit, le 14 mars 1680, sa femme
alors âgée de trente-quatre ans ; il mourut lui-même, à
l'âge de quarante-trois ans, le 3 décembre 1686.

.˙.

Il devait être le quatrième et dernier fils de François
Bourdaloue, marchand boucher à Mehun, et de Catherine
Patriot, mariés en l'église de Vierzon, le 15 novembre 1627.
Les actes de baptême faisant défaut, ce n'est que d'après
les âges fournis par les actes d'inhumation et d'après
diverses autres circonstances, qu'il a été possible de
tenter un essai de classification des enfants issus de ce
mariage. Je m'arrête provisoirement à l'ordre suivant :
Claude, boucher à Mehun, qui épousa en l'église de cette
ville, le 28 novembre 1657, Marie Pajot, dont il eut deux
filles, et qui devenu veuf convola en secondes noces,
suivant contrat du 23 août 1663 (1), avec Perrette Dezélus,
dont il eut également deux filles connues (2) ; — Marie,
épouse de Benoit Taconnat ; — Silvine, née vers 1633,
mariée à Mehun, le 1er février 1677, avec Raimond Ter-
minet, manœuvre, inhumée au même lieu, le 27 mars 1705,

(1) Je dois l'indication de ce contrat de mariage, et celle de tous
les autres actes de même nature que je vais avoir occasion de citer,
à l'extrême obligeance de M. Tausserat. Je ne saurais assez l'en
remercier.

(2) L'une d'elles, Marie, baptisée le 3 mai 1673, en l'église de Thinay,
près Mehun (le père était alors laboureur en cette paroisse), épousa
suivant contrat du 5 février 1691, Jean Grandfond, marchand boucher
à Bourges. Elle se remaria, le 24 avril 1713, en l'église de St-Ambroix
de Bourges, avec Jacques Le Sueur, marchand cirier.

« âgée de soixante-douze ans ou environ » ; — François,
né en 1635 (1) ; — Jean, maître parcheminier à Issoudun,
sur l'alliance et la descendance duquel les renseignements
précis me font quant à présent défaut ; — Jeanne, qui
épousa, suivant contrat du 2 janvier 1669, Jacques David,
boucher à Bourges ; — Charlotte, épouse de Jean Coulon ;
— *Pierre*, né en 1643.

.·.

François Bourdaloue, dont on vient de lire la notice,
était le second des trois enfants qui, d'après les nouvelles
et très fructueuses investigations de M. Tausserat, seraient
selon toute vraisemblance nés du mariage, datant de 1585,
de *Claude* Bourdaloue, marchand tanneur à Mehun, avec
Marie Sarciault (V. son *Etude généalogique*, p. 52, II,
nº 6). C'est ainsi que, par des documents découverts
depuis 1900, le consciencieux historien relierait à la
branche de Mehun le rameau qu'il en avait laissé détaché.
Je ne veux pas, sur ce point où mes recherches n'ont rien
ajouté aux siennes, lui enlever le plaisir et le mérite de la
démonstration. Je me borne à la considérer comme faite,
et je rappelle qu'il avait déjà établi ceci :

Le Claude dont il s'agit était fils de *Guillaume* Bour-
da·loue, époux en 1553 de Marguerite Brouard ;

Lequel Guillaume était fils lui-même de *Raymond*
Bourdaloue, chef de la branche de Mehun, que tout prouve
avoir « la même origine que la tige principale de Vierzon »
(tige dont se sépara le rameau fixé à Bourges et qui eut
pour rejeton le célèbre Louis), sans qu'il soit possible,
quant à présent, de montrer, pour souder cette branche

(1) François Bourdaloue, maître boucher à Mehun, épousa suivant
contrat du 12 février 1667, Marie Coulon, inhumée le 15 mars 1683.
Il fut inhumé lui-même le 3 février 1697, « âgé de soixante-un ans ».
Les ramifications de sa très nombreuse postérité ne sauraient trouver
place ici. Qu'il me suffise de dire que M. Charles-Rodolphe Bourdaloue,
instituteur à La Chapelle-St-Ursin, membre associé de la Société
historique du Cher, officier d'académie, époux de Colombe-Anne
Bastard, à laquelle il s'est uni à Mehun, le 22 octobre 1885, descend
de lui au septième degré.

Mehunoise à cette tige Vierzonnaise, quand et comment
la bifurcation s'est produite.

. .

De tout ce qui précède, il résulte un fait assuré, c'est
que l'ingénieur Paul-Adrien descendait au *neuvième
degré* de Raymond, qui déjà en 1554, ainsi que nous
l'apprend M. Tausserat *(Etude généalogique*, p. 51), figu-
rait dans un contrat de mariage « comme aïeul de la future » ;
donc, ce lointain ancêtre devait être né au plus tôt dans
les dernières années du XVe siècle. Qu'on le suppose
séparé par un ou deux autres degrés du point de jonction
(qu'il faudrait peut-être ne pas chercher moins loin qu'aux
environs de 1450); qu'on n'oublie pas que déjà le grand
prédicateur était lui-même issu au *huitième degré* de
Macé Bourdaloue, vivant vers cette date, par qui commence
la filiation suivie de la famille, et l'on verra quelles illu-
sions se faisait notre contemporain sur sa parenté avec
son illustre homonyme (1).

A Dieu ne plaise qu'on veuille découvrir dans cette
abstraite et sèche dissertation de généalogiste occasionnel,
épris avant tout de vérité historique, la moindre intention
de dénigrer ni l'homme vraiment remarquable dont les
prétentions exagérées m'ont induit à l'écrire, ni ses ascen-
dants, ni ses collatéraux que j'ai poursuivis dans leur
obscurité avec la persévérante patience et le soin méticu-
leux que j'aurais mis à évoquer les fastes de la plus noble
lignée. Au point de vue sociologique, rien n'est mieux fait
pour instruire que le tableau de ces familles touffues,
dont certaines branches s'élèvent progressivement et labo-
rieusement vers les situations dominantes, tandis que
d'autres, moins bien douées ou mal servies par les circonstances, se propagent sans monter et longtemps

(1) La parenté successorale ne s'étend pas au-delà du douzième
degré (art. 755 du Code Civil). A une vingtaine de degrés de distance,
peut-on se dire vraiment parents ?

s'étendent horizontalement, déclinent même quelquefois ; rien n'est plus respectable et d'un meilleur exemple, que ces ascensions continues des générations qui ont mérité d'arriver, de réussir.

Mais la modestie ne messied jamais, et il ne faut s'enrégimenter qu'à bon escient parmi les « *mille personnes qui ne font que parler des alliances qui les lient avec les héros de l'histoire.* » La leçon, et il y en a déjà une assez nette dans les paroles soulignées, vient d'autant plus à propos pour me servir de conclusion, que ces paroles émanent du P. Bourdaloue (1), ce *héros de l'histoire* religieuse et littéraire du Berry et de la France.

(I) Eugène Griselle. Bourdaloue. Histoire critique de sa prédication, Tome I. *Paris, Société française d'imprimerie et de librairie,* 1901, gr. in-8°; p. 220.

APPENDICE

CHANGEMENT DE DOMICILE

BOURGES, AN XII.

BOURDALOUË, ex-Professeur de *Langue latine* au Collége de Bourges, et d'*Histoire naturelle* à l'École centrale du département du Cher, vient de former, en son domicile actuel, *rue d'Auron, n° 85,* un Etablissement particulier d'Instruction, dans lequel il reçoit des pensionnaires et des demi-pensionnaires : il prend aussi des externes, pour lesquels la durée des classes est de trois heures le matin et trois heures le soir.

On enseigne les Principes de la Grammaire générale, les Langues latine et française, l'Orthographe, les premiers élémens des Mathématiques, le Calcul décimal, la Géographie et l'Histoire ; on donne aussi des Élémens de Botanique et de Minéralogie.

On suit dans l'instruction des Élèves, la méthode et les livres adoptés par le Gouvernement pour les Écoles secondaires et les Lycées.

La distribution des exercices est faite de manière que les Élèves passent d'une étude sérieuse à l'étude de quelque Science agréable qui pique leur curiosité. Les leçons sont toujours proportionnées à l'âge et à la capacité des Élèves ; et comme les progrès dépendent de l'amour du travail, et sur-tout de l'émulation, on a le plus grand soin d'inspirer l'un et l'autre aux Élèves.

Mais la connaissance des Sciences dont on vient de parler, n'est pas le seul objet de cet Établissement : il en est un autre qui doit lui servir de base : c'est celui de la Religion. En apprenant aux Élèves les vérités sublimes qu'elle renferme, on leur fait connaître et pratiquer les devoirs qu'elle impose.

Des lectures choisies, les bons exemples que les pensionnaires ont continuellement sous les yeux, les avis sages qui ne cessent de leur être donnés, les pénètrent de respect et d'amour pour leurs parens, d'égards et d'affection pour les autres hommes ; enfin, on ne néglige rien de ce qui peut former leur esprit et leur cœur.

L'attachement du Maître pour ses Élèves est tel qu'il ne les perd pas de vue un seul instant : dans les récréations, à la promenade, il est toujours avec eux. Il surveille, il partage même leurs jeux et leurs amusemens, et fait ensorte qu'ils tournent au profit de leur instruction.

Ceux des pensionnaires qui suivront les classes du Lycée, auront l'avantage de trouver, dans leur Maître de pension, un Répétiteur qui, par des explications claires et méthodiques, applanira les difficultés qui pourraient les arrêter dans leur travail.

Les parens ont la faculté de donner à leurs enfans tels Maîtres d'Arts d'agrément qu'ils jugeront à propos.

La propreté et la santé des pensionnaires forment encore un objet tout particulier de la sollicitude du Maître de cet Établissement. Leurs alimens sont sains, l'heure des repas réglée comme celle du travail et de la récréation ; et Madame *Bourdalouë* a pour les pensionnaires les mêmes soins, les mêmes attentions que pour ses propres enfans.

Chaque année, les vacances commenceront le premier fructidor et finiront le 15 vendémiaire suivant. Ainsi, l'ouverture des leçons, tant pour les pensionnaires que pour les externes, se fera régulièrement le 16 vendémiaire, époque à laquelle devront être de retour ceux des pensionnaires qui auront passé les vacances chez leurs parens.

Conditions de la Pension

Le prix de la pension, y compris le blanchissage, le ravau-
dage des bas, encre, plumes et papier, est de *cinq cens cinquante francs,* payables par quartier et d'avance.

Celui de la demi-pension est de *deux cens cinquante fr.*

Les objets à fournir, sont deux paires de draps, une douzaine
de serviettes, une timbale et un couvert d'argent.

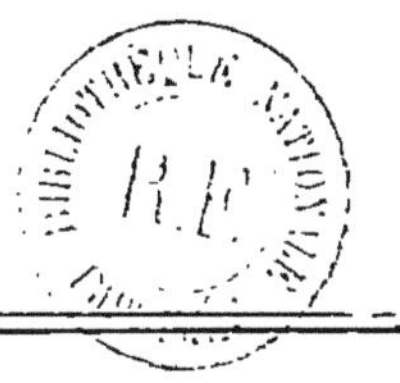

A BOURGES, DE L'IMPRIMERIE D'AUGUSTIN MANCERON,

Imprimeur de la Préfecture du Cher.

Lille, imp H. Morel, 77, rue Nationale

www.ingramcontent.com/pod-product-compliance
Ingram Content Group UK Ltd.
Pitfield, Milton Keynes, MK11 3LW, UK
UKHW022347170726
13837UKWH00005BA/2475